Inhaltsangabe

Marzipan Pudding
Kokosmilch Pudding mit Himbeeren
Zimt Apfel Pudding
Lebkuchen Pudding

Marmelade

Himbeere Bananen Marmelade
Erdbeere Balsamico Marmelade
Avocado Aprikosen Marmelade
Birnen Marzipan Marmelade
Apfel Mohn Marmelade
Brombeere Marmelade
Clementine Bananen Marmelade
Feigen Zimt Marmelade
Granatapfel Rotwein Marmelade
Heidelbeere Marmelade
Honigmelone Holunder Marmelade
Himbeere Avocado Marmelade
Kiwi Avocado Marmelade
Schoko Kirsch Marmelade
Lychee Marmelade
Mango Maracuja Marmelade
Mirabellen Weißwein Marmelade
Orangen Chili Marmelade
Pfirsich Bananen Marmelade
Pomelo Gewürz Marmelade
Papaya Birnen Marmelade
Weintrauben Wassermelone Marmelade

Gelee

Weißwein Gelee
Holunderbeersaft Gelee
Johannisbeere Vanille Gelee
Glühwein Gelee
Grüntee Gelee
Multivitamin Gelee
Birnen Gelee
Rum Rosinen Gelee
Blutorangen Gelee
Kirsch Chili Gelee
Rote Bete Gelee
Apfel Karotten Gelee
Granatapfel Rotwein Gelee
Apfel Gelee
Tomaten Basilikum Gelee
Kokos Gelee
Karamell Gelee

Curd

Orangen Curd
Erdbeere Curd
Schoko Mandel Curd
Milch Curd
Sonnenblumenkern Curd
Zitronen Curd
Zimt Curd
Bananen Curd
Johannisbeere Curd
Waldmeister Curd
Vanille Rosinen Curd

Himbeere Curd

<u>Eis</u>

Pralinen Eiscreme
Waffel Creme Eis
Pfirsich Traum
Darjeeling Tee Eis
Johannisbeere Mascarpone Eis
Heidelbeere Quark Eis
Zitronen Pfefferminz Eis
Pistazien Eis
Waldbeere Buttermilch Eis
Schoko Mint Eis
Veganes Mandel Eis
Stracciatella Eis
Pistazien weiße Schokoladen Eis
Mango Sorbet
Vanille Sahne Traum
Himbeere Quark Verführung
Bananen Softeis
Malaga Eis
Erdbeere Buttermilch Eis
Brombeere Sahne Eis

Nachtrag zum Impressum/
Copyright

Aprikosen Pudding

Zutaten
100 g Aprikosen in Hälften
200 g Buttermilch
300 g Milch
1 Pck. Vanille Zucker
42 g Speisestärke
10 g Butter
80 g Zucker

Zubereitung
Zuerst das Obst in den Mixtopf geben. Auf Stufe 10 / 5
Sekunden zerkleinern. Nun die übrigen Zutaten
hinzugeben. Nochmals auf Stufe 10 / 5 Sekunden
zerkleinern. Auf Stufe 2 / 100 Grad / 8 Minuten kochen.
Umfüllen und erkalten lassen. Guten Appetit!

Bananen Zimt Pudding

Zutaten
1 große Banane in Stücken
450 g Milch
50 g Sahne
½ TL Zimt
1 Pck. Vanille Zucker
35 g Speisestärke
10 g Butter
70 g Zucker

Zubereitung
Zuerst das Obst in den Mixtopf geben. Auf Stufe 10 / 5 Sekunden zerkleinern. Das Obst eventuell mit dem Spatel nach unten schieben. Nun die übrigen Zutaten hinzugeben. Nochmals auf Stufe 10 / 5 Sekunden zerkleinern. Auf Stufe 2 / 100 Grad / 8 Minuten kochen. Umfüllen und erkalten lassen. Guten Appetit!

Schokoladen Avocado Bananen Pudding

Zutaten
1 Banane in Stücken
Das Fleisch einer halben Avocado
30 g Kakao
1 Prise Pfeffer
500 g Milch
1 Pck. Vanille Zucker
40 g Speisestärke
1 Prise Salz
80 g Zucker

Zubereitung
Zuerst das Obst und das Avocado Fleisch in den Mixtopf geben. Auf Stufe 10 / 5 Sekunden zerkleinern. Nun die übrigen Zutaten hinzugeben. Nochmals auf Stufe 10 / 5 Sekunden zerkleinern. Auf Stufe 2 / 100 Grad / 8 Minuten kochen. Umfüllen und erkalten lassen. Guten Appetit!

Vanille Sahne Creme

Zutaten
300 g Milch
200 g Sahne
Mark einer Vanille Schote
35 g Speisestärke
10 g Butter
80 g Zucker

Zubereitung
Alle Zutaten in den Mixtopf geben. Auf Stufe 10 / 5 Sekunden mischen. Auf Stufe 2 / 100 Grad / 8 Minuten kochen. Umfüllen und erkalten lassen. Mit Obst oder Müsli dekorieren. Guten Appetit!

Kürbispüree mit Sahne Pudding

Zutaten
Pudding
200 g Sahne
300 g Milch
1 Pck. Vanille Zucker
35 g Speisestärke
10 g Butter
80 g Zucker

Püree
200 g Kürbis, gekocht
1 EL Zucker
1 MSP Bindobin

Dekoration
1 Hand voll Kürbiskerne

Zubereitung
Alle Zutaten für den Pudding in den Mixtopf einfüllen.
Auf Stufe 2 / 100 Grad / 8 Minuten kochen. Umfüllen
und erkalten lassen.
Kürbis und Zucker in den Topf füllen. Bindobin
hinzugeben und auf Stufe 10 / 10 Sekunden mischen.
Dessert aufschichten. Ein paar Kürbiskerne darüber
streuen.
Guten Appetit!

Keks Pudding

Zutaten
300 g Milch
200 g Sahne
100 g Kekse
Mark einer Vanille Schote
35 g Speisestärke
30 g Butter
80 g Zucker

Zubereitung
Alle Zutaten in den Mixtopf geben. Auf Stufe 10 / 5
Sekunden mischen. Auf Stufe 2 / 100 Grad / 8 Minuten
kochen. Umfüllen und erkalten lassen. Mit Obst oder
Müsli dekorieren. Guten Appetit!

Marzipan Orangen Pudding

Zutaten
500 g Milch
100 g Marzipan Rohmasse
Saft einer Orange
1 EL Orangenschale, gerieben
40 g Speisestärke
10 g Butter
80 g Zucker

Zubereitung
Alle Zutaten in den Mixtopf geben. Auf Stufe 10 / 5 Sekunden mischen. Auf Stufe 2 / 100 Grad / 8 Minuten kochen. Umfüllen und erkalten lassen. Mit Obst oder Müsli dekorieren. Guten Appetit!

Schoko Sahne Verführung

Zutaten
Schokopudding
500 g Milch
1 Pck. Vanille Zucker
40 g Speisestärke
10 g Butter
80 g Zucker
100 g Schokolade in Stücken

Sahnepudding
100 g Sahne
150 g Milch
15 g Speisestärke
30 g Zucker

Zubereitung
Die Zutaten für den Schokopudding in den Mixtopf
geben. Nochmals auf Stufe 10 / 5 Sekunden vermischen.
Auf Stufe 2 / 100 Grad / 8 Minuten kochen. Umfüllen
und erkalten lassen.

Nun die Zutaten für den Sahnepudding einfüllen. Auf
Stufe 2 / 100 Grad / 4,5 Minuten erhitzen. Erkalten lassen.
Das Dessert schichten und genießen.

Zimt Pudding

Zutaten
300 g Milch
200 g Sahne
1 TL Zimt
1 Prise Pfeffer
1 Prise Salz
1 EL Kakao
Mark einer Vanille Schote
35 g Speisestärke
10 g Butter
80 g Zucker

Zubereitung
Alle Zutaten in den Mixtopf geben. Auf Stufe 10 / 5
Sekunden mischen. Auf Stufe 2 / 100 Grad / 8 Minuten
kochen. Umfüllen und erkalten lassen. Mit Obst oder
Müsli dekorieren. Guten Appetit!

Rotwein Pudding

Zutaten
200 g Milch
200 g Sahne
100 g Rotwein
Mark einer Vanille Schote
40 g Speisestärke
30 g Butter
80 g Zucker

Zubereitung
Alle Zutaten in den Mixtopf geben. Auf Stufe 10 / 5 Sekunden mischen. Auf Stufe 2 / 100 Grad / 8 Minuten kochen. Umfüllen und erkalten lassen. Mit Obst oder Müsli dekorieren. Guten Appetit!

Veganer Bananen Pudding

Zutaten
100 g Bananen in Stücken
500 g Soja oder Mandelmilch
1 Pck. Vanille Zucker
35 g Speisestärke
70 g Honig

Zubereitung
Zuerst das Obst in den Mixtopf geben. Auf Stufe 10 / 5 Sekunden zerkleinern. Nun die übrigen Zutaten hinzugeben. Nochmals auf Stufe 10 / 5 Sekunden zerkleinern. Auf Stufe 2 / 100 Grad / 8 Minuten kochen. Umfüllen und erkalten lassen. Guten Appetit!

Quark Pudding mit Erdbeerhaube

Zutaten
Quark Pudding
500 g Quark
50 g Sahne
80 g Zucker
1 Pck. Vanille Zucker
½ MB Bindobin

Erdbeerhaube
400 g Erdbeeren
60 g Zucker
½ MB Bindobin

Sprühsahne

Zubereitung
Alle Zutaten für den Quark Pudding in den Mixtopf
geben und auf Stufe 5 / 20 Sekunden mischen. Umfüllen
und den Topf säubern. Nun die Zutaten für die
Erdbeerhaube in den Topf geben und auf Stufe 10 / 20
Sekunden mischen. Das Dessert schichten, etwas Sahne
aufsprühen und genießen.

Eierlikör Pudding

Zutaten
300 g Milch
200 g Sahne
100 g Eierlikör
Mark einer Vanille Schote
43 g Speisestärke
10 g Butter
80 g Zucker

Zubereitung
Alle Zutaten in den Mixtopf geben. Auf Stufe 10 / 5
Sekunden mischen. Auf Stufe 2 / 100 Grad / 8 Minuten
kochen. Umfüllen und erkalten lassen. Mit Obst oder
Müsli dekorieren. Guten Appetit!

Orangen Pudding

Zutaten
100 g Orangen, geschält
200 g Buttermilch
300 g Milch
1 Pck. Vanille Zucker
42 g Speisestärke
10 g Butter
80 g Zucker

Zubereitung
Zuerst das Obst in den Mixtopf geben. Auf Stufe 10 / 5 Sekunden zerkleinern. Nun die übrigen Zutaten hinzugeben. Nochmals auf Stufe 10 / 5 Sekunden zerkleinern. Auf Stufe 2 / 100 Grad / 8 Minuten kochen. Umfüllen und erkalten lassen. Guten Appetit!

Veganer Mandel Pudding

Zutaten
100 g Mandeln
500 g Mandelmilch
1 Pck. Vanille Zucker
38 g Speisestärke
20 g Pflanzenöl
60 g Honig

Zubereitung
Zuerst die Mandeln in den Mixtopf geben. Auf Stufe 10 / 30 Sekunden zerkleinern. Nun die übrigen Zutaten hinzugeben. Nochmals auf Stufe 10 / 5 Sekunden zerkleinern. Auf Stufe 2 / 100 Grad / 8 Minuten kochen. Umfüllen und erkalten lassen. Guten Appetit!

Erdbeer Pudding

Zutaten
100 g Erdbeeren
500 g Milch
5 g Balsamico
1 Pck. Vanille Zucker
42 g Speisestärke
10 g Butter
80 g Zucker

Zubereitung
Zuerst das Obst in den Mixtopf geben. Auf Stufe 10 / 5 Sekunden zerkleinern. Nun die übrigen Zutaten hinzugeben. Nochmals auf Stufe 10 / 5 Sekunden zerkleinern. Auf Stufe 2 / 100 Grad / 8 Minuten kochen. Umfüllen und erkalten lassen. Guten Appetit!

Schoko Bananen Pudding

Zutaten
100 g Bananen in Stücken
40 g Kakao
200 g Sahne
300 g Milch
1 Pck. Vanille Zucker
42 g Speisestärke
10 g Butter
80 g Zucker

Zubereitung
Zuerst das Obst in den Mixtopf geben. Auf Stufe 10 / 5 Sekunden zerkleinern. Nun die übrigen Zutaten hinzugeben. Nochmals auf Stufe 10 / 5 Sekunden zerkleinern. Auf Stufe 2 / 100 Grad / 8 Minuten kochen. Umfüllen und erkalten lassen. Guten Appetit!

Erdnussbutter Mango Pudding

Zutaten
100 g Mango, geschält
100 g Sahne
400 g Milch
1 Pck. Vanille Zucker
42 g Speisestärke
50 g Erdnussbutter
80 g Zucker

Zubereitung
Zuerst das Obst und die Erdnussbutter in den Mixtopf geben. Auf Stufe 10 / 5 Sekunden zerkleinern. Nun die übrigen Zutaten hinzugeben. Nochmals auf Stufe 10 / 5 Sekunden zerkleinern. Auf Stufe 2 / 100 Grad / 8 Minuten kochen. Umfüllen und erkalten lassen. Guten Appetit!

Kokos Rum Pudding

Zutaten
100 g Kokosraspeln
500 ml Kokosmilch
50 g Rum
1 Pck. Vanille Zucker
42 g Speisestärke
10 g Butter
80 g Zucker

Zubereitung
Zuerst die Kokosraspeln in den Mixtopf geben. Auf Stufe
10 / 5 Sekunden zerkleinern. Nun die übrigen Zutaten
hinzugeben. Nochmals auf Stufe 10 / 5 Sekunden
zerkleinern. Auf Stufe 2 / 100 Grad / 8 Minuten kochen.
Umfüllen und erkalten lassen. Guten Appetit!

Mohn Pudding

Zutaten
300 g Milch
200 g Sahne
30 g Mohn
50 g Rosinen
Mark einer Vanille Schote
35 g Speisestärke
10 g Butter
80 g Zucker

Zubereitung
Alle Zutaten in den Mixtopf geben. Auf Stufe 10 / 5
Sekunden mischen. Auf Stufe 2 / 100 Grad / 8 Minuten
kochen. Umfüllen und erkalten lassen. Mit Obst oder
Müsli dekorieren. Guten Appetit!

Himbeer Pudding

Zutaten
100 g Himbeeren
200 g Buttermilch
300 g Milch
1 Pck. Vanille Zucker
42 g Speisestärke
10 g Butter
80 g Zucker

Zubereitung
Zuerst das Obst in den Mixtopf geben. Auf Stufe 10 / 5 Sekunden zerkleinern. Nun die übrigen Zutaten hinzugeben. Nochmals auf Stufe 10 / 5 Sekunden zerkleinern. Auf Stufe 2 / 100 Grad / 8 Minuten kochen. Umfüllen und erkalten lassen. Guten Appetit!

Milchkaffee Traum

Zutaten
2 EL Instantkaffee
500 g Milch
1 Pck. Vanille Zucker
35 g Speisestärke
10 g Butter
80 g Zucker

200 g geschlagene Sahne

Zubereitung
Alle Zutaten außer der geschlagenen Sahne in den
Mixtopf geben. Auf Stufe 2 / 100 Grad / 8 Minuten
kochen. Umfüllen und erkalten lassen.
Mit der Sahne garnieren.
Guten Appetit!

Honig Tee Pudding

Zutaten
100 g Schwarztee
200 g Sahne
200 g Milch
1 Pck. Vanille Zucker
42 g Speisestärke
10 g Butter
80 g Honig

Zubereitung
Alle Zutaten in den Mixtopf einwiegen. Auf Stufe 2 / 100
Grad / 8 Minuten kochen. Umfüllen und erkalten lassen.
Guten Appetit

Multivitamin Pudding

Zutaten
300 g Multivitamin Saft
200 g Sahne
1 EL abgeriebene Schale einer
Bio Zitrone
40 g Speisestärke
50 g Zucker

Zubereitung
Alle Zutaten in den Mixtopf geben. Auf Stufe 10 / 5
Sekunden mischen. Auf Stufe 2 / 100 Grad / 8 Minuten
kochen. Umfüllen und erkalten lassen. Mit Obst oder
Müsli dekorieren. Guten Appetit!

Marzipan Pudding

Zutaten
100 g Marzipanrohmasse
1 Fläschchen Bittermandelaroma
200 g Sahne
300 g Milch
1 Pck. Vanille Zucker
38 g Speisestärke
10 g Butter
80 g Zucker

Zubereitung
Zuerst das Marzipan in den Mixtopf geben. Auf Stufe 10 / 5 Sekunden zerkleinern. Nun die übrigen Zutaten hinzugeben. Nochmals auf Stufe 10 / 5 Sekunden zerkleinern. Auf Stufe 2 / 100 Grad / 8 Minuten kochen. Umfüllen und erkalten lassen. Guten Appetit!
en Appetit!

Kokosmilch Pudding mit Himbeeren

Zutaten
500 g Kokosmilch
1 Pck. Vanille Zucker
42 g Speisestärke
80 g Zucker

Dekoration
150 g Himbeeren in etwas Zucker wälzen

Zubereitung
Alle Zutaten außer den Himbeeren hinzugeben.
Nochmals auf Stufe 10 / 5 Sekunden mischen. Auf Stufe
2 / 100 Grad / 8 Minuten kochen. Umfüllen und erkalten
lassen. Mit den Himbeere dekorieren. Guten Appetit!

Zimt Apfel Pudding

Zutaten
100 g Äpfel in Stücken
400 g Milch
100 g Sahne
½ TL Zimt
1 Pck. Vanille Zucker
42 g Speisestärke
10 g Butter
80 g Zucker

Zubereitung
Zuerst das Obst in den Mixtopf geben. Auf Stufe 10 / 5 Sekunden zerkleinern. Nun die übrigen Zutaten hinzugeben. Nochmals auf Stufe 10 / 5 Sekunden zerkleinern. Auf Stufe 2 / 100 Grad / 8 Minuten kochen. Umfüllen und erkalten lassen. Eventuell mit Zimtzucker bestreuen. Guten Appetit!

Lebkuchen Pudding

Zutaten
300 g Milch
200 g Sahne
1 TL Lebkuchen Gewürz
!/2 TL Zimt
1 EL Kakao
Mark einer Vanille Schote
35 g Speisestärke
10 g Butter
80 g Zucker

Zubereitung
Alle Zutaten in den Mixtopf geben. Auf Stufe 10 / 5
Sekunden mischen. Auf Stufe 2 / 100 Grad / 8 Minuten
kochen. Umfüllen und erkalten lassen. Mit Obst oder
Müsli dekorieren. Guten Appetit!

Himbeere Bananen Marmelade

Zutaten
300 g Bananen
500 g Gelierzucker 1:2
700 g Himbeeren aufgetaut
1 Prise Zimt

Zubereitung
Das Obst in den Mixtopf geben. Auf Stufe 5 / 2 Minuten zerkleinern. Nun den Gelierzucker in den Topf schütten. Jetzt ca. 17 Minuten / 100 Grad / Stufe 2. Jetzt kann die Leckerei umgefüllt werden. Die Gläser vorsichtshalber auf den Kopf stellen.

Erdbeere Balsamico Marmelade

Zutaten
100 g Balsamico
500 g Gelierzucker 1:2
900 g Erdbeeren

Zubereitung
Das Obst und den Balsamico in den Mixtopf geben. Auf Stufe 5 / 2 Minuten zerkleinern. Nun den Gelierzucker in den Topf schütten.
Jetzt ca. 17 Minuten / 100 Grad / Stufe 2. Die Marmelade kann umgefüllt werden. Wegen den Balsamico vor den Verzehr nochmals eine Woche ziehen lassen.

Avocado Aprikosen Marmelade

Zutaten
300 g Avocadomark
500 g Gelierzucker 1:2
700 g Aprikosen entsteint

Zubereitung
Das Obst in den Mixtopf geben. Auf Stufe 5 / 2 Minuten
zerkleinern. Nun den Gelierzucker in den Topf schütten.
Jetzt ca. 17 Minuten / 100 Grad / Stufe 2. Jetzt kann die
Leckerei umgefüllt werden. Die Gläser vorsichtshalber
auf den Kopf stellen.

Birnen Marzipan Marmelade

Zutaten
300 g Marzipanrohmasse
1 Röhrchen Bittermandelöl
500 g Gelierzucker 1:2
700 g Birnen, entsteint und geschält

Zubereitung
Das Obst und Marzipan in den Mixtopf geben. Auf Stufe
5 / 2 Minuten zerkleinern. Nun den Gelierzucker in den
Topf schütten.
Jetzt ca. 17 Minuten / 100 Grad / Stufe 2. Jetzt kann die
Leckerei umgefüllt werden. Die Gläser vorsichtshalber
auf den Kopf stellen.

Apfel Mohn Marmelade

Zutaten
200 g Mohn
500 g Gelierzucker 1:2
800 g Äpfel, geschält und entkernt
1 Prise Zimt

Zubereitung
Das Obst in den Mixtopf geben. Auf Stufe 5 / 2 Minuten zerkleinern. Nun den Gelierzucker in den Topf schütten. Jetzt ca. 17 Minuten / 100 Grad / Stufe 2. Alles in saubere Gläser umfüllen.

Brombeere Marmelade

Zutaten
1000 g Brombeeren
500 g Gelierzucker 1:2

Zubereitung
Das Obst in den Mixtopf geben. Auf Stufe 5 / 2 Minuten zerkleinern. Nun den Gelierzucker in den Topf schütten. Jetzt ca. 17 Minuten / 100 Grad / Stufe 2. Jetzt kann die Leckerei umgefüllt werden. Die Gläser vorsichtshalber auf den Kopf stellen.

Clementinen Bananen Marmelade

Zutaten
300 g Bananen
500 g Gelierzucker 1:2
700 g Clementinen geschält
1 Pck. Vanillezucker

Zubereitung
Das Obst und den Vanillezucker in den Mixtopf geben.
Auf Stufe 5 / 2 Minuten zerkleinern. Nun den
Gelierzucker in den Topf schütten.
Jetzt ca. 17 Minuten / 100 Grad / Stufe 2. Nun kann die
Marmelade umgefüllt werden.

Feigen Zimt Marmelade

Zutaten
1000 g Feigen
500 g Gelierzucker 1:2
1TL Zimt
1 TL Vanillezucker
1 Prise Nelke

Zubereitung
Das Obst und Gewürze in den Mixtopf geben. Auf Stufe 5 / 2 Minuten zerkleinern. Nun den Gelierzucker in den Topf schütten.
Jetzt ca. 17 Minuten / 100 Grad / Stufe 2. Jetzt kann die Marmelade umgefüllt werden. Die Gläser auf den Kopf stellen.

Granatapfel Rotwein Marmelade

Zutaten
300 g Rotwein
500 g Gelierzucker 1:2
700 g Granatapfelfleisch
aus der Schale gelöst
1 Prise Zimt

Zubereitung
Das Obst und Zimt in den Mixtopf geben. Auf Stufe 5 / 2
Minuten zerkleinern. Nun den Gelierzucker in den Topf
schütten.
Jetzt ca. 17 Minuten / 100 Grad / Stufe 2. Jetzt kann die
Leckerei umgefüllt werden. Die Gläser vorsichtshalber
auf den Kopf stellen.

Heidelbeere Marmelade

Zutaten
1000 g Heidelbeeren
500 g Gelierzucker 1:2
1 Pck. Vanillezucker

Zubereitung
Das Obst und den Vanillezucker in den Mixtopf geben.
Auf Stufe 5 / 2 Minuten zerkleinern. Nun den
Gelierzucker in den Topf schütten.
Jetzt ca. 17 Minuten / 100 Grad / Stufe 2. Jetzt kann die
Leckerei umgefüllt werden.

Honigmelone Holunder Marmelade

Zutaten
300 g Holunder
500 g Gelierzucker 1:2
700 g Honigmelone geschält

Zubereitung
Das Obst in den Mixtopf geben. Auf Stufe 5 / 2 Minuten zerkleinern. Nun den Gelierzucker in den Topf schütten. Jetzt ca. 17 Minuten / 100 Grad / Stufe 2. Jetzt kann die Leckerei umgefüllt werden. Die Gläser vorsichtshalber auf den Kopf stellen.

Himbeere Avocado Marmelade

Zutaten
300 g Avocado
500 g Gelierzucker 1:2
700 g Himbeeren aufgetaut

Zubereitung
Das Obst in den Mixtopf geben. Auf Stufe 5 / 2 Minuten
zerkleinern. Nun den Gelierzucker in den Topf schütten.
Jetzt ca. 17 Minuten / 100 Grad / Stufe 2. Jetzt kann die
Leckerei umgefüllt werden. Die Gläser vorsichtshalber
auf den Kopf stellen.

Kiwi Avocado Marmelade

Zutaten
300 g Avocado
500 g Gelierzucker 1:2
700 g Kiwi geschält

Zubereitung
Das Obst in den Mixtopf geben. Auf Stufe 5 / 2 Minuten
zerkleinern. Nun den Gelierzucker in den Topf schütten.
Jetzt ca. 17 Minuten / 100 Grad / Stufe 2. Jetzt kann die
Leckerei umgefüllt werden. Die Gläser vorsichtshalber
auf den Kopf stellen.

Schoko Kirsch Marmelade

Zutaten
300 g Schokostreusel
500 g Gelierzucker 1:2
800 g Kirschen gewaschen
und entsteint
1 Prise Zimt

Zubereitung
Das Obst in den Mixtopf geben. Auf Stufe 5 / 2 Minuten zerkleinern. Nun den Gelierzucker in den Topf schütten. Jetzt ca. 17 Minuten / 100 Grad / Stufe 2. Nun die Schokostreusel einfüllen und 5 Sekunden / Stufe 1. Jetzt kann die Leckerei umgefüllt werden. Die Gläser vorsichtshalber auf den Kopf stellen.

Lychee Marmelade

Zutaten
900 g Lychee
500 g Gelierzucker 1:2
100 g Weißwein

Zubereitung
Das Obst und den Wein in den Mixtopf geben. Auf Stufe
5 / 2 Minuten zerkleinern. Nun den Gelierzucker in den
Topf schütten.
Jetzt ca. 17 Minuten / 100 Grad / Stufe 2. Jetzt kann die
Marmelade noch heiß umgefüllt werden.

Mango Maracuja Marmelade

Zutaten
500g Mango geschält
500 g Gelierzucker 1:2
500 g Maracujamark
100 g Orangensaft

Zubereitung
Das Obst und den Saft in den Mixtopf geben. Auf Stufe 5 / 2 Minuten zerkleinern. Nun den Gelierzucker in den Topf schütten.
Jetzt ca. 17 Minuten / 100 Grad / Stufe 2. Jetzt kann die Leckerei umgefüllt werden. Die Gläser vorsichtshalber auf den Kopf stellen.

Mirabellen Weißwein Marmelade

Zutaten
800 g Mirabellen entkernt
500 g Gelierzucker 1:2
200 g Weißwein

Zubereitung
Das Obst und den Wein in den Mixtopf geben. Auf Stufe
5 / 2 Minuten zerkleinern. Nun den Gelierzucker in den
Topf schütten.
Jetzt ca. 17 Minuten / 100 Grad / Stufe 2. Jetzt kann die
Leckerei umgefüllt werden.

Orangen Chili Marmelade

Zutaten
1000 g Orangen geschält
500 g Gelierzucker 1:2
1 gute Prise Chili

Zubereitung
Das Obst und Chili in den Mixtopf geben. Auf Stufe 5 / 2
Minuten zerkleinern. Nun den Gelierzucker in den Topf
schütten.
Jetzt ca. 17 Minuten / 100 Grad / Stufe 2. Alles umfüllen
und genießen.

Pfirsich Bananen Marmelade

Zutaten
300 g Banane
500 g Gelierzucker 1:2
700 g Pfirsich entkernt

Zubereitung
Das Obst in den Mixtopf geben. Auf Stufe 5 / 2 Minuten zerkleinern. Nun den Gelierzucker in den Topf schütten. Jetzt ca. 17 Minuten / 100 Grad / Stufe 2. Jetzt kann die Leckerei umgefüllt werden. Die Gläser vorsichtshalber auf den Kopf stellen.

Pomelo Gewürz Marmelade

Zutaten
1000 g Pomelo geschält
500 g Gelierzucker 1:2
½ TL Nelke
½ TL Kardamom
1 Prise Muskat
½ TL Zimt

Zubereitung
Das Obst und die Gewürze in den Mixtopf geben. Auf
Stufe 5 / 2 Minuten zerkleinern. Nun den Gelierzucker in
den Topf schütten.
Jetzt ca. 17 Minuten / 100 Grad / Stufe 2. Alles in
hübsche Gefäße füllen.

Papaya Birnen Marmelade

Zutaten
500 g Papaya
500 g Gelierzucker 1:2
500 g Birne geschält und entkernt

Zubereitung
Das Obst in den Mixtopf geben. Auf Stufe 5 / 2 Minuten zerkleinern. Nun den Gelierzucker in den Topf schütten. Jetzt ca. 17 Minuten / 100 Grad / Stufe 2. Jetzt kann die Leckerei umgefüllt werden. Die Gläser vorsichtshalber auf den Kopf stellen.

Weintrauben Wassermelone Marmelade

Zutaten
500 g Weintraube
500 g Gelierzucker 1:2
500 g Wassermelone geschält

Zubereitung
Das Obst in den Mixtopf geben. Auf Stufe 5 / 2 Minuten zerkleinern. Nun den Gelierzucker in den Topf schütten. Jetzt ca. 17 Minuten / 100 Grad / Stufe 2. Jetzt kann die Marmelade umgefüllt werden. Die Gläser vorsichtshalber auf den Kopf stellen.

Weißwein Gelee

Zutaten
700 g Weißwein (trocken)
500 g Gelierzucker 2 plus 1
10 g Zitronensaft

Zubereitung
Die Zutaten in den Mixtopf füllen und 30 Sekunden /
Stufe 5 mischen. Dann auf 100 Grad / Stufe 2 / ca. 19
Minuten kochen. Zwischendurch mal eine Gelierprobe
machen und umfüllen.

Holunderbeersaft Gelee

Zutaten
700 g Holunderbeersaft
500 g Gelierzucker 2:1

Zubereitung
Die Zutaten in den Mixtopf füllen und 30 Sekunden /
Stufe 5 mischen. Dann auf 100 Grad / Stufe 2 / ca. 19
Minuten kochen. Zwischendurch mal eine Gelierprobe
machen und umfüllen. Wichtig ist es, das alles richtig
durchkocht, der Zucker muss sich lösen.

Johannisbeere Vanille Gelee

Zutaten
700 g Johannisbeersaft
500 g Gelierzucker 2:1
2 Pck. Vanillezucker

Zubereitung
Die Zutaten in den Mixtopf füllen und 30 Sekunden / Stufe 5 mischen. Dann auf 100 Grad / Stufe 2 / ca. 19 Minuten kochen. Zwischendurch mal eine Gelierprobe machen und umfüllen. Wichtig ist es, das alles richtig durchkocht, der Zucker muss sich lösen.

Holunderbeersaft Gelee

Zutaten
700 g Holunderbeersaft
500 g Gelierzucker 2:1

Zubereitung
Die Zutaten in den Mixtopf füllen und 30 Sekunden / Stufe 5 mischen. Dann auf 100 Grad / Stufe 2 / ca. 19 Minuten kochen. Zwischendurch mal eine Gelierprobe machen und umfüllen. Wichtig ist es, das alles richtig durchkocht, der Zucker muss sich lösen.

Glühwein Gelee

Zutaten
700 g Glühwein
500 g Gelierzucker 2:1

Zubereitung
Die Zutaten in den Mixtopf füllen und 30 Sekunden /
Stufe 5 mischen. Dann auf 100 Grad / Stufe 2 / ca. 19
Minuten kochen. Zwischendurch mal eine Gelierprobe
machen und umfüllen.

Grüntee Gelee

Zutaten
700 g Grüntee
500 g Gelierzucker 2:1

Zubereitung
Die Zutaten in den Mixtopf füllen und 30 Sekunden /
Stufe 5 mischen. Dann auf 100 Grad / Stufe 2 / ca. 19
Minuten kochen. Zwischendurch mal eine Gelierprobe
machen und umfüllen.

Multivitamin Gelee

Zutaten
700 g Multivitaminsaft
500 g Gelierzucker 2:1

Zubereitung
Die Zutaten in den Mixtopf füllen und 30 Sekunden /
Stufe 5 mischen. Dann auf 100 Grad / Stufe 2 / ca. 19
Minuten kochen. Zwischendurch mal eine Gelierprobe
machen und umfüllen. Wichtig ist es, das alles richtig
durchkocht, der Zucker muss sich lösen.

Birnen Gelee

Zutaten
650 g Birnensaft
50 g klarer Schnaps
500 g Gelierzucker 2:1

Zubereitung
Die Zutaten in den Mixtopf füllen und 30 Sekunden /
Stufe 5 mischen. Dann auf 100 Grad / Stufe 2 / ca. 19
Minuten kochen. Zwischendurch mal eine Gelierprobe
machen und umfüllen. Wichtig ist es, das alles richtig
durchkocht, der Zucker muss sich lösen.

Rum Rosinen Gelee

Zutaten
100 g Rum
100 g Rosinen
500 g Wasser
500 g Gelierzucker 2:1

Zubereitung
Die Zutaten in den Mixtopf füllen und 30 Sekunden / Stufe 5 mischen. Dann auf 100 Grad / Stufe 2 / ca. 19 Minuten kochen. Zwischendurch mal eine Gelierprobe machen und umfüllen. Wichtig ist es, das alles richtig durchkocht, der Zucker muss sich lösen.

Blutorangen Gelee

Zutaten
700 g Blutorangensaft
1 Pck. Vanillezucker
500 g Gelierzucker 2:1

Zubereitung
Die Zutaten in den Mixtopf füllen und 30 Sekunden /
Stufe 5 mischen. Dann auf 100 Grad / Stufe 2 / ca. 19
Minuten kochen. Zwischendurch mal eine Gelierprobe
machen und umfüllen. Wichtig ist es, das alles richtig
durchkocht, der Zucker muss sich lösen.

Kirsch Chili Gelee

Zutaten
700 g Kirschsaft
500 g Gelierzucker 2:1
1 Prise Chili

Zubereitung
Die Zutaten in den Mixtopf füllen und 30 Sekunden /
Stufe 5 mischen. Dann auf 100 Grad / Stufe 2 / ca. 19
Minuten kochen. Zwischendurch mal eine Gelierprobe
machen und umfüllen.

Rote Bete Gelee

Zutaten
600 g Rote Bete Saft
100 g Apfelsaft
500 g Gelierzucker 2:1

Zubereitung
Die Zutaten in den Mixtopf füllen und 30 Sekunden / Stufe 5 mischen. Dann auf 100 Grad / Stufe 2 / ca. 19 Minuten kochen. Zwischendurch mal eine Gelierprobe machen und umfüllen. Wichtig ist es, das alles richtig durchkocht, der Zucker muss sich lösen.

Apfel Karotten Gelee

Zutaten
400 g Karottensaft
300 g Apfelsaft
1 Prise Pfeffer schwarz
500 g Gelierzucker 2:1

Zubereitung
Die Zutaten in den Mixtopf füllen und 30 Sekunden / Stufe 5 mischen. Dann auf 100 Grad / Stufe 2 / ca. 19 Minuten kochen. Zwischendurch mal eine Gelierprobe machen und umfüllen. Wichtig ist es, das alles richtig durchkocht, der Zucker muss sich lösen.

Granatapfel Rotwein Gelee

Zutaten
350 g Rotwein
350 g Granatapfelsaft
½ TL Zimt
500 g Gelierzucker 2:1

Zubereitung
Die Zutaten in den Mixtopf füllen und 30 Sekunden / Stufe 5 mischen. Dann auf 100 Grad / Stufe 2 / ca. 19 Minuten kochen. Zwischendurch mal eine Gelierprobe machen und umfüllen.

Apfel Gelee

Zutaten
700 g Apfelsaft
500 g Gelierzucker 2:1
1 TL Zimt

Zubereitung
Die Zutaten in den Mixtopf füllen und 30 Sekunden /
Stufe 5 mischen. Dann auf 100 Grad / Stufe 2 / ca. 19
Minuten kochen. Zwischendurch mal eine Gelierprobe
machen und umfüllen. Wichtig ist es, das alles richtig
durchkocht, der Zucker muss sich lösen.

Tomaten Basilikum Gelee

Zutaten
700 g Tomatensaft
50 g Basilikum frisch
1 Knoblauchzehe
1 Prise Pfeffer
500 g Gelierzucker 2:1

Zubereitung
Die Zutaten in den Mixtopf füllen und 30 Sekunden /
Stufe 5 mischen. Dann auf 100 Grad / Stufe 2 / ca. 19
Minuten kochen. Zwischendurch mal eine Gelierprobe
machen und umfüllen. Wichtig ist es, das alles richtig
durchkocht, der Zucker muss sich lösen.

Kokos Gelee

Zutaten
700 g Kokosmilch
100 g Kokosflocken
500 g Gelierzucker 2:1

Zubereitung
Die Zutaten in den Mixtopf füllen und 30 Sekunden /
Stufe 5 mischen. Dann auf 100 Grad / Stufe 2 / ca. 19
Minuten kochen. Zwischendurch mal eine Gelierprobe
machen und umfüllen. Wichtig ist es, das alles richtig
durchkocht, der Zucker muss sich lösen.

Karamell Gelee

Zutaten
150 g Monin Karamell Sirup
100 g Kondensmilch
450 g Wasser
500 g Gelierzucker 2:1

Zubereitung
Die Zutaten in den Mixtopf füllen und 30 Sekunden /
Stufe 5 mischen. Dann auf 100 Grad / Stufe 2 / ca. 19
Minuten kochen. Zwischendurch mal eine Gelierprobe
machen und umfüllen. Wichtig ist es, das alles richtig
durchkocht, der Zucker muss sich lösen.

Orangen Curd

Zutaten
4 Eier
120 g Butter
400 g Zucker
140 g Orangensaftkonzentrat
abgeriebene Schale einer
Bio Orange

Zutaten
Alle Zutaten in den Mixtopf geben und ca. 20 Minuten /
90 Grad / Stufe 2 eindicken lassen. Die Masse umfüllen
und im Kühlschrank aufbewahren.

Erdbeere Curd

Zutaten
4 Eier
120 g Butter
400 g Zucker
80 g Kondensmilch
60 g Erdbeermilchpulver

Zutaten
Alle Zutaten in den Mixtopf geben und ca. 20 Minuten /
90 Grad / Stufe 2 eindicken lassen. Die Masse umfüllen
und im Kühlschrank aufbewahren.

Schoko Mandel Curd

Zutaten
4 Eier
120 g Butter
400 g Zucker
140 g Kondensmilch
50 g Kakaopulver
70 g gemahlene Mandeln
1 Pck. Vanillezucker

Zutaten
Alle Zutaten in den Mixtopf geben und ca. 20 Minuten /
90 Grad / Stufe 2 eindicken lassen. Die Masse umfüllen
und im Kühlschrank aufbewahren.

Milch Curd

Zutaten
4 Eier
120 g Butter
400 g Zucker
140 g Kondensmilch

Zutaten
Alle Zutaten in den Mixtopf geben und ca. 20 Minuten /
90 Grad / Stufe 2 eindicken lassen. Die Masse umfüllen
und im Kühlschrank aufbewahren.

Sonnenblumenkern Curd

Zutaten
4 Eier
120 g Butter
400 g Zucker
140 g Kondensmilch
100 g geröstete Sonnenblumenkerne

Zutaten
Alle Zutaten in den Mixtopf geben und ca. 20 Minuten /
90 Grad / Stufe 2 eindicken lassen. Die Masse umfüllen
und im Kühlschrank aufbewahren.

Zitronen Curd

Zutaten
4 Eier
120 g Butter
400 g Zucker
140 g Kondensmilch
Saft einer Zitrone
Abgeriebene Schale einer
Bio Zitrone

Zutaten
Alle Zutaten in den Mixtopf geben und ca. 20 Minuten /
90 Grad / Stufe 2 eindicken lassen. Die Masse umfüllen
und im Kühlschrank aufbewahren.

Zimt Curd

Zutaten
4 Eier
120 g Butter
400 g Zucker
140 g Kondensmilch
1 gehäufter TL Zimt

Zutaten
Alle Zutaten in den Mixtopf geben und ca. 20 Minuten /
90 Grad / Stufe 2 eindicken lassen. Die Masse umfüllen
und im Kühlschrank aufbewahren.

Bananen Curd

Zutaten
4 Eier
120 g Butter
400 g Zucker
140 g Kondensmilch
50 g Bananenmilch Pulver

Zutaten
Alle Zutaten in den Mixtopf geben und ca. 20 Minuten /
90 Grad / Stufe 2 eindicken lassen. Die Masse umfüllen
und im Kühlschrank aufbewahren.

Johannisbeere Curd

Zutaten
4 Eier
120 g Butter
400 g Zucker
140 g Kondensmilch
50 g Johannisbeere Marmelade

Zutaten
Alle Zutaten in den Mixtopf geben und ca. 20 Minuten /
90 Grad / Stufe 2 eindicken lassen. Die Masse umfüllen
und im Kühlschrank aufbewahren.

Waldmeister Curd

Zutaten
4 Eier
120 g Butter
400 g Zucker
120 g Kondensmilch
50 g Waldmeistersirup

Zutaten
Alle Zutaten in den Mixtopf geben und ca. 20 Minuten /
90 Grad / Stufe 2 eindicken lassen. Die Masse umfüllen
und im Kühlschrank aufbewahren.

Vanille Rosinen Curd

Zutaten
4 Eier
120 g Butter
400 g Zucker
140 g Kondensmilch
100 g Rosinen
Mark einer Vanilleschote

Zutaten
Alle Zutaten in den Mixtopf geben und ca. 20 Minuten /
90 Grad / Stufe 2 eindicken lassen. Die Masse umfüllen
und im Kühlschrank aufbewahren.

Himbeere Curd

Zutaten
4 Eier
120 g Butter
400 g Zucker
140 g Kondensmilch
50 g Himbeere Marmelade

Zutaten
Alle Zutaten in den Mixtopf geben und ca. 20 Minuten /
90 Grad / Stufe 2 eindicken lassen. Die Masse umfüllen
und im Kühlschrank aufbewahren.

Pralinen Eiscreme

Zutaten
100 g Pralinen nach Wahl
(2 Stunden ins Gefrierfach geben)
400 g Milch, gefroren
200 g Sahne
80 g Zucker
1 EL Rum

Zubereitung
Alle Zutaten in den Mixtopf geben. Auf Stufe 10 / 1
Minute zerkleinern. Mit dem Spatel nochmals alles nach
unten schieben und weitere 30 Sekunden / Stufe 10.
Das Eis kann sofort serviert werden.

Waffel Creme Eis

Zutaten
50 g Butter, gefroren
1 Pck. Vanillezucker
1 Fläschchen Vanille Backöl
200 g Sahne, gefroren
100 g Quark, gefroren
200 g Milch
1 Prise Zimt
150 g Zucker

Zubereitung
Alle Zutaten in den Mixtopf geben. Auf Stufe 10 / 1
Minute zerkleinern. Mit dem Spatel nochmals alles nach
unten schieben und weitere 30 Sekunden / Stufe 10.
Das Eis kann sofort serviert werden.

Pfirsich Traum

Zutaten
300 g Pfirsiche, gefroren
300 g Sahne, gefroren
200 g Orangensaft
120 g Zucker

Zubereitung
Alle Zutaten in den Mixtopf geben. Auf Stufe 10 / 1
Minute zerkleinern. Mit dem Spatel nochmals alles nach
unten schieben und weitere 30 Sekunden / Stufe 10.
Guten Appetit!

Darjeeling Tee Eis

Zutaten
200 g Sahne. Gefroren
500 g Milch, gefroren
200 g starker Darjeeling, gekühlt
100 g Honig
1 EL Zitronensaft
80 g Zucker

Zubereitung
Alle Zutaten außer der Schokolade in den Mixtopf geben.
Auf Stufe 10 / 1 Minute zerkleinern. Mit dem Spatel
nochmals alles nach unten schieben und weitere 30
Sekunden / Stufe 10. Nun die Schokolade hinzugeben
und 6 Sekunden / Stufe 5.
Das Eis kann sofort serviert werden.

Johannisbeere Mascarpone Eis

Zutaten
300 g Johannisbeeren, gefroren
300 g Sahne, gefroren
300 g Mascarpone, gekühlt
120 g Zucker

Zubereitung
Alle Zutaten in den Mixtopf geben. Auf Stufe 10 / 1
Minute zerkleinern. Mit dem Spatel nochmals alles nach
unten schieben und weitere 30 Sekunden / Stufe 10.
Das Eis kann sofort serviert werden.

Heidelbeere Quark Eis

Zutaten
300 g Heidelbeeren, gefroren
400 g Quark, gefroren
200 g Buttermilch, gekühlt
140 g Zucker

Zubereitung
Alle Zutaten in den Mixtopf geben. Auf Stufe 10 / 1
Minute zerkleinern. Mit dem Spatel nochmals alles nach
unten schieben und weitere 30 Sekunden / Stufe 10.
Das Eis kann sofort serviert werden.

Zitronen Pfefferminz Eis

Zutaten
Saft von 2 Zitronen
500 g Joghurt, gefroren
1 Eiweiß
180 g Zucker
200 g starker Pfefferminztee,
abgekühlt

Zubereitung
Alle Zutaten in den Mixtopf geben. Auf Stufe 10 / 1
Minute zerkleinern. Mit dem Spatel nochmals alles nach
unten schieben und weitere 30 Sekunden / Stufe 10.
Das Eis kann sofort serviert werden.

Pistazien Eis

Zutaten
100 g Pistazien
500 g Milch, gefroren
200 g Sahne
120 g Zucker
50 g Amaretto

Zubereitung
Alle Zutaten in den Mixtopf geben. Auf Stufe 10 / 1
Minute zerkleinern. Mit dem Spatel nochmals alles nach
unten schieben und weitere 30 Sekunden / Stufe 10.
Das Eis kann sofort serviert werden.

Waldbeere Buttermilch Eis

Zutaten
300 g Waldbeeren
500 g Buttermilch, gefroren
180 g Zucker
200 g Buttermilch, gekühlt

Zubereitung
Alle Zutaten in den Mixtopf geben. Auf Stufe 10 / 1
Minute zerkleinern. Mit dem Spatel nochmals alles nach
unten schieben und weitere 30 Sekunden / Stufe 10.
Das Eis kann sofort serviert werden.

Schoko Mint Eis

Zutaten
100 g After Eight Schokolade, gefroren
400 g Sahne, gefroren
100 g Zucker
200 g Milch

Zubereitung
Alle Zutaten in den Mixtopf geben. Auf Stufe 10 / 1
Minute zerkleinern. Mit dem Spatel nochmals alles nach
unten schieben und weitere 30 Sekunden / Stufe 10.
Das Eis kann sofort serviert werden.

Pistazien weiße Schokoladen Eis

Zutaten
100 g Pistazien
100 g weiße Schokolade
400 g Milch, gefroren
200 g Sahne
80 g Zucker

Zubereitung
Alle Zutaten in den Mixtopf geben. Auf Stufe 10 / 1
Minute zerkleinern. Mit dem Spatel nochmals alles nach
unten schieben und weitere 30 Sekunden / Stufe 10.
Das Eis kann sofort serviert werden.

Veganes Mandel Eis

Zutaten
200 g Mandeln
500 g gefrorene Soja Milch
200 g Soja Sahne, gekühlt
120 g Zucker

Zubereitung
Alle Zutaten in den Mixtopf geben. Auf Stufe 10 / 1
Minute zerkleinern. Mit dem Spatel nochmals alles nach
unten schieben und weitere 30 Sekunden / Stufe 10.
Das Eis kann sofort serviert werden.

Stracciatella Eis

Zutaten
200 g Schokolade
500 g gefrorene Milch
300 g gefrorene Sahne
200 g Sahne, gekühlt
120 g Zucker
Mark einer Vanille Schote

Zubereitung
Alle Zutaten außer der Schokolade in den Mixtopf geben.
Auf Stufe 10 / 1 Minute zerkleinern. Mit dem Spatel
nochmals alles nach unten schieben und weitere 30
Sekunden / Stufe 10. Nun die Schokolade hinzugeben
und 6 Sekunden / Stufe 5.
Das Eis kann sofort serviert werden.

Mango Sorbet

Zutaten
500 g Mango, gefroren
300 g Orangensaft
1 Eiweiß
120 g Zucker

Zubereitung
Alle Zutaten in den Mixtopf geben. Auf Stufe 10 / 1
Minute zerkleinern. Mit dem Spatel nochmals alles nach
unten schieben und weitere 30 Sekunden / Stufe 10.
Das Eis kann sofort serviert werden.

Vanille Sahne Traum

Zutaten
Mark einer Vanilleschote
500 g Sahne, gefroren
150 g Zucker
200 g Milch

. Zubereitung
Alle Zutaten in den Mixtopf geben. Auf Stufe 10 / 1
Minute zerkleinern. Mit dem Spatel nochmals alles nach
unten schieben und weitere 30 Sekunden / Stufe 10.
Das Eis kann sofort serviert werden.

Himbeere Quark Verführung

Zutaten
500 g Quark, gefroren
300 g Himbeeren, gefroren
300 g Milch
120 g Zucker

Zutaten
500 g Mango, gefroren
300 g Orangensaft
1 Eiweiß
120 g Zucker

Zubereitung
Alle Zutaten in den Mixtopf geben. Auf Stufe 10 / 1
Minute zerkleinern. Mit dem Spatel nochmals alles nach
unten schieben und weitere 30 Sekunden / Stufe 10.
Das Eis kann sofort serviert werden.

Bananen Softeis

Zutaten
300 g Bananen, gefroren
160 g Zucker
3 Eiweiße

Zubereitung
Die Bananen in den Mixtopf geben und 30 Sekunden /
Stufe 10. Den Schmetterling einsetzen und die übrigen
Zutaten einwiegen. 4 Minuten auf Stufe 4. Guten Appetit!

Malaga Eis

Zutaten
400 g Sahne, gefroren
200 g Rumrosinen
2 EL Rum
160 g Zucker
150 g Milch

Zubereitung
Alle Zutaten außer Rumrosinen in den Mixtopf geben.
Auf Stufe 10 / 1 Minute zerkleinern. Mit dem Spatel
nochmals alles nach unten schieben und weitere 30
Sekunden / Stufe 10. Nun die Rumrosinen hinzugeben
und 5 Sekunden / Stufe 5.
Das Eis kann sofort serviert werden.

Erdbeere Buttermilch Eis

Zutaten
300 g Erdbeeren, gefroren
400 g Buttermilch, gefroren
180 g Zucker
200 g Buttermilch
1 Pck. Vanillezucker

Zubereitung
Alle Zutaten in den Mixtopf geben. Auf Stufe 10 / 1
Minute zerkleinern. Mit dem Spatel nochmals alles nach
unten schieben und weitere 30 Sekunden / Stufe 10.
Das Eis kann sofort serviert werden.

Brombeere Sahne Eis

Zutaten
500 g Brombeeren, gefroren
400 g Sahne, gefroren
200 g Milch
160 g Zucker

Zubereitung
Alle Zutaten in den Mixtopf geben. Auf Stufe 10 / 1
Minute zerkleinern. Mit dem Spatel nochmals alles nach
unten schieben und weitere 30 Sekunden / Stufe 10.
Das Eis kann sofort serviert werden.

Zimt Haselnuss Eis

Zutaten
400 g Sahne, gefroren
1 TL Zimt
220 g Zucker
100 g Haselnüsse
300 g Milch

Zubereitung
Alle Zutaten in den Mixtopf geben. Auf Stufe 10 / 1 Minute zerkleinern. Mit dem Spatel nochmals alles nach unten schieben und weitere 30 Sekunden / Stufe 10. Das Eis kann sofort serviert werden.

Nachtrag zum Impressum/

Copyright

Shutterstock-com
- Dotschok
- Africa Studio
- Amalia Eka
- Davidovic
- FomaA
- Jörg Beuge
- Kolesova
- Mara ZE
- Markova
- Rainbow 33
- Sabyna 75
- Schurfrych
- Kogotkova
- Angelika Gr
- Morgan Studio
- Robert Kneschke
- Yeko Photo Studio
- Georgieva
- Olga Phienix
- Pearl
- Ana Mari West
- M Shev
- Natascha Photo
- Friies Larsen
- Konstantin
- Christopher Elwell
- Family Business
- ISchmidt
- Zidar

- Pustinnikova
- Barbara Nevei
- Brent Hofacker
- avs

Herstellung und Verlag:
BoD - Books on Demand, Norderstedt
ISBN 978-3-7386-2403-8